FRENCH JOURNAL PROPERTY OF

_____

IF LOST, PLEASE CONTACT _____

VERB (INF.)		MEANING	
JE		NOUS	
TU		VOUS	
IL/ELLE/ON		ILS/ELLES	
NOTES			

VERB (INF.)		MEANING	
JE		NOUS	
TU		VOUS	
IL/ELLE/ON		ILS/ELLES	
NOTES			

VERB (INF.)		MEANING	
JE		NOUS	
TU		VOUS	
IL/ELLE/ON		ILS/ELLES	
NOTES			

VERB (INF.)		MEANING	
JE		NOUS	
TU		VOUS	
IL/ELLE/ON		ILS/ELLES	
NOTES			

VERB (INF.)		MEANING	
JE		NOUS	
TU		VOUS	
IL/ELLE/ON		ILS/ELLES	
NOTES			

VERB (INF.)		MEANING	
JE		NOUS	
TU		VOUS	
IL/ELLE/ON		ILS/ELLES	
NOTES			

VERB (INF.)		MEANING	
JE		NOUS	
TU		VOUS	
IL/ELLE/ON		ILS/ELLES	
NOTES			

VERB (INF.)		MEANING	
JE		NOUS	
TU		VOUS	
IL/ELLE/ON		ILS/ELLES	
NOTES			

VERB (INF.)		MEANING	
JE		NOUS	
TU		VOUS	
IL/ELLE/ON		ILS/ELLES	
NOTES			

VERB (INF.)		MEANING	
JE		NOUS	
TU		VOUS	
IL/ELLE/ON		ILS/ELLES	
NOTES			

VERB (INF.)		MEANING	
JE		NOUS	
TU		VOUS	
IL/ELLE/ON		ILS/ELLES	
NOTES			

VERB (INF.)		MEANING	
JE		NOUS	
TU		VOUS	
IL/ELLE/ON		ILS/ELLES	
NOTES			

VERB (INF.)		MEANING	
JE		NOUS	
TU		VOUS	
IL/ELLE/ON		ILS/ELLES	
NOTES			

VERB (INF.)		MEANING	
JE		NOUS	
TU		VOUS	
IL/ELLE/ON		ILS/ELLES	
NOTES			

VERB (INF.)		MEANING	
JE		NOUS	
TU		VOUS	
IL/ELLE/ON		ILS/ELLES	
NOTES			

VERB (INF.)		MEANING	
JE		NOUS	
TU		VOUS	
IL/ELLE/ON		ILS/ELLES	
NOTES			

VERB (INF.)		MEANING	
JE		NOUS	
TU		VOUS	
IL/ELLE/ON		ILS/ELLES	
NOTES			

VERB (INF.)		MEANING	
JE		NOUS	
TU		VOUS	
IL/ELLE/ON		ILS/ELLES	
NOTES			

VERB (INF.)		MEANING	
JE		NOUS	
TU		VOUS	
IL/ELLE/ON		ILS/ELLES	
NOTES			

VERB (INF.)		MEANING	
JE		NOUS	
TU		VOUS	
IL/ELLE/ON		ILS/ELLES	
NOTES			

VERB (INF.)		MEANING	
JE		NOUS	
TU		VOUS	
IL/ELLE/ON		ILS/ELLES	
NOTES			

VERB (INF.)		MEANING	
JE		NOUS	
TU		VOUS	
IL/ELLE/ON		ILS/ELLES	
NOTES			

VERB (INF.)		MEANING	
JE		NOUS	
TU		VOUS	
IL/ELLE/ON		ILS/ELLES	
NOTES			

VERB (INF.)		MEANING	
JE		NOUS	
TU		VOUS	
IL/ELLE/ON		ILS/ELLES	
NOTES			

VERB (INF.)		MEANING	
JE		NOUS	
TU		VOUS	
IL/ELLE/ON		ILS/ELLES	
NOTES			

VERB (INF.)		MEANING	
JE		NOUS	
TU		VOUS	
IL/ELLE/ON		ILS/ELLES	
NOTES			

VERB (INF.)		MEANING	
JE		NOUS	
TU		VOUS	
IL/ELLE/ON		ILS/ELLES	
NOTES			

VERB (INF.)		MEANING	
JE		NOUS	
TU		VOUS	
IL/ELLE/ON		ILS/ELLES	
NOTES			

VERB (INF.)		MEANING	
JE		NOUS	
TU		VOUS	
IL/ELLE/ON		ILS/ELLES	
NOTES			

VERB (INF.)		MEANING	
JE		NOUS	
TU		VOUS	
IL/ELLE/ON		ILS/ELLES	
NOTES			

VERB (INF.)		MEANING	
JE		NOUS	
TU		VOUS	
IL/ELLE/ON		ILS/ELLES	
NOTES			

VERB (INF.)		MEANING	
JE		NOUS	
TU		VOUS	
IL/ELLE/ON		ILS/ELLES	
NOTES			

VERB (INF.)		MEANING	
JE		NOUS	
TU		VOUS	
IL/ELLE/ON		ILS/ELLES	
NOTES			

VERB (INF.)		MEANING	
JE		NOUS	
TU		VOUS	
IL/ELLE/ON		ILS/ELLES	
NOTES			

VERB (INF.)		MEANING	
JE		NOUS	
TU		VOUS	
IL/ELLE/ON		ILS/ELLES	
NOTES			

VERB (INF.)		MEANING	
JE		NOUS	
TU		VOUS	
IL/ELLE/ON		ILS/ELLES	
NOTES			

VERB (INF.)		MEANING	
JE		NOUS	
TU		VOUS	
IL/ELLE/ON		ILS/ELLES	
NOTES			

VERB (INF.)		MEANING	
JE		NOUS	
TU		VOUS	
IL/ELLE/ON		ILS/ELLES	
NOTES			

VERB (INF.)		MEANING	
JE		NOUS	
TU		VOUS	
IL/ELLE/ON		ILS/ELLES	
NOTES			

VERB (INF.)		MEANING	
JE		NOUS	
TU		VOUS	
IL/ELLE/ON		ILS/ELLES	
NOTES			

VERB (INF.)		MEANING	
JE		NOUS	
TU		VOUS	
IL/ELLE/ON		ILS/ELLES	
NOTES			

VERB (INF.)		MEANING	
JE		NOUS	
TU		VOUS	
IL/ELLE/ON		ILS/ELLES	
NOTES			

VERB (INF.)		MEANING	
JE		NOUS	
TU		VOUS	
IL/ELLE/ON		ILS/ELLES	
NOTES			

VERB (INF.)		MEANING	
JE		NOUS	
TU		VOUS	
IL/ELLE/ON		ILS/ELLES	
NOTES			

VERB (INF.)		MEANING	
JE		NOUS	
TU		VOUS	
IL/ELLE/ON		ILS/ELLES	
NOTES			

VERB (INF.)		MEANING	
JE		NOUS	
TU		VOUS	
IL/ELLE/ON		ILS/ELLES	
NOTES			

VERB (INF.)		MEANING	
JE		NOUS	
TU		VOUS	
IL/ELLE/ON		ILS/ELLES	
NOTES			

VERB (INF.)		MEANING	
JE		NOUS	
TU		VOUS	
IL/ELLE/ON		ILS/ELLES	
NOTES			

VERB (INF.)		MEANING	
JE		NOUS	
TU		VOUS	
IL/ELLE/ON		ILS/ELLES	
NOTES			

VERB (INF.)		MEANING	
JE		NOUS	
TU		VOUS	
IL/ELLE/ON		ILS/ELLES	
NOTES			

VERB (INF.)		MEANING	
JE		NOUS	
TU		VOUS	
IL/ELLE/ON		ILS/ELLES	
NOTES			

VERB (INF.)		MEANING	
JE		NOUS	
TU		VOUS	
IL/ELLE/ON		ILS/ELLES	
NOTES			

VERB (INF.)		MEANING	
JE		NOUS	
TU		VOUS	
IL/ELLE/ON		ILS/ELLES	
NOTES			

VERB (INF.)		MEANING	
JE		NOUS	
TU		VOUS	
IL/ELLE/ON		ILS/ELLES	
NOTES			

VERB (INF.)		MEANING	
JE		NOUS	
TU		VOUS	
IL/ELLE/ON		ILS/ELLES	
NOTES			

VERB (INF.)		MEANING	
JE		NOUS	
TU		VOUS	
IL/ELLE/ON		ILS/ELLES	
NOTES			

VERB (INF.)		MEANING	
JE		NOUS	
TU		VOUS	
IL/ELLE/ON		ILS/ELLES	
NOTES			

VERB (INF.)		MEANING	
JE		NOUS	
TU		VOUS	
IL/ELLE/ON		ILS/ELLES	
NOTES			

VERB (INF.)		MEANING	
JE		NOUS	
TU		VOUS	
IL/ELLE/ON		ILS/ELLES	
NOTES			

VERB (INF.)		MEANING	
JE		NOUS	
TU		VOUS	
IL/ELLE/ON		ILS/ELLES	
NOTES			

VERB (INF.)		MEANING	
JE		NOUS	
TU		VOUS	
IL/ELLE/ON		ILS/ELLES	
NOTES			

VERB (INF.)		MEANING	
JE		NOUS	
TU		VOUS	
IL/ELLE/ON		ILS/ELLES	
NOTES			

VERB (INF.)		MEANING	
JE		NOUS	
TU		VOUS	
IL/ELLE/ON		ILS/ELLES	
NOTES			

VERB (INF.)		MEANING	
JE		NOUS	
TU		VOUS	
IL/ELLE/ON		ILS/ELLES	
NOTES			

VERB (INF.)		MEANING	
JE		NOUS	
TU		VOUS	
IL/ELLE/ON		ILS/ELLES	
NOTES			

VERB (INF.)		MEANING	
JE		NOUS	
TU		VOUS	
IL/ELLE/ON		ILS/ELLES	
NOTES			

VERB (INF.)		MEANING	
JE		NOUS	
TU		VOUS	
IL/ELLE/ON		ILS/ELLES	
NOTES			

VERB (INF.)		MEANING	
JE		NOUS	
TU		VOUS	
IL/ELLE/ON		ILS/ELLES	
NOTES			

VERB (INF.)		MEANING	
JE		NOUS	
TU		VOUS	
IL/ELLE/ON		ILS/ELLES	
NOTES			

VERB (INF.)		MEANING	
JE		NOUS	
TU		VOUS	
IL/ELLE/ON		ILS/ELLES	
NOTES			

VERB (INF.)		MEANING	
JE		NOUS	
TU		VOUS	
IL/ELLE/ON		ILS/ELLES	
NOTES			

VERB (INF.)		MEANING	
JE		NOUS	
TU		VOUS	
IL/ELLE/ON		ILS/ELLES	
NOTES			

VERB (INF.)		MEANING	
JE		NOUS	
TU		VOUS	
IL/ELLE/ON		ILS/ELLES	
NOTES			

VERB (INF.)		MEANING	
JE		NOUS	
TU		VOUS	
IL/ELLE/ON		ILS/ELLES	
NOTES			

VERB (INF.)		MEANING	
JE		NOUS	
TU		VOUS	
IL/ELLE/ON		ILS/ELLES	
NOTES			

VERB (INF.)		MEANING	
JE		NOUS	
TU		VOUS	
IL/ELLE/ON		ILS/ELLES	
NOTES			

VERB (INF.)		MEANING	
JE		NOUS	
TU		VOUS	
IL/ELLE/ON		ILS/ELLES	
NOTES			

VERB (INF.)		MEANING	
JE		NOUS	
TU		VOUS	
IL/ELLE/ON		ILS/ELLES	
NOTES			

VERB (INF.)		MEANING	
JE		NOUS	
TU		VOUS	
IL/ELLE/ON		ILS/ELLES	
NOTES			

VERB (INF.)		MEANING	
JE		NOUS	
TU		VOUS	
IL/ELLE/ON		ILS/ELLES	
NOTES			

VERB (INF.)		MEANING	
JE		NOUS	
TU		VOUS	
IL/ELLE/ON		ILS/ELLES	
NOTES			

VERB (INF.)		MEANING	
JE		NOUS	
TU		VOUS	
IL/ELLE/ON		ILS/ELLES	
NOTES			

VERB (INF.)		MEANING	
JE		NOUS	
TU		VOUS	
IL/ELLE/ON		ILS/ELLES	
NOTES			

VERB (INF.)		MEANING	
JE		NOUS	
TU		VOUS	
IL/ELLE/ON		ILS/ELLES	
NOTES			

VERB (INF.)		MEANING	
JE		NOUS	
TU		VOUS	
IL/ELLE/ON		ILS/ELLES	
NOTES			

VERB (INF.)		MEANING	
JE		NOUS	
TU		VOUS	
IL/ELLE/ON		ILS/ELLES	
NOTES			

VERB (INF.)		MEANING	
JE		NOUS	
TU		VOUS	
IL/ELLE/ON		ILS/ELLES	
NOTES			

VERB (INF.)		MEANING	
JE		NOUS	
TU		VOUS	
IL/ELLE/ON		ILS/ELLES	
NOTES			

VERB (INF.)		MEANING	
JE		NOUS	
TU		VOUS	
IL/ELLE/ON		ILS/ELLES	
NOTES			

VERB (INF.)		MEANING	
JE		NOUS	
TU		VOUS	
IL/ELLE/ON		ILS/ELLES	
NOTES			

VERB (INF.)		MEANING	
JE		NOUS	
TU		VOUS	
IL/ELLE/ON		ILS/ELLES	
NOTES			

VERB (INF.)		MEANING	
JE		NOUS	
TU		VOUS	
IL/ELLE/ON		ILS/ELLES	
NOTES			

VERB (INF.)		MEANING	
JE		NOUS	
TU		VOUS	
IL/ELLE/ON		ILS/ELLES	
NOTES			

VERB (INF.)		MEANING	
JE		NOUS	
TU		VOUS	
IL/ELLE/ON		ILS/ELLES	
NOTES			

VERB (INF.)		MEANING	
JE		NOUS	
TU		VOUS	
IL/ELLE/ON		ILS/ELLES	
NOTES			

VERB (INF.)		MEANING	
JE		NOUS	
TU		VOUS	
IL/ELLE/ON		ILS/ELLES	
NOTES			

VERB (INF.)		MEANING	
JE		NOUS	
TU		VOUS	
IL/ELLE/ON		ILS/ELLES	
NOTES			

VERB (INF.)		MEANING	
JE		NOUS	
TU		VOUS	
IL/ELLE/ON		ILS/ELLES	
NOTES			

VERB (INF.)		MEANING	
JE		NOUS	
TU		VOUS	
IL/ELLE/ON		ILS/ELLES	
NOTES			

VERB (INF.)		MEANING	
JE		NOUS	
TU		VOUS	
IL/ELLE/ON		ILS/ELLES	
NOTES			

VERB (INF.)		MEANING	
JE		NOUS	
TU		VOUS	
IL/ELLE/ON		ILS/ELLES	
NOTES			

VERB (INF.)		MEANING	
JE		NOUS	
TU		VOUS	
IL/ELLE/ON		ILS/ELLES	
NOTES			

VERB (INF.)		MEANING	
JE		NOUS	
TU		VOUS	
IL/ELLE/ON		ILS/ELLES	
NOTES			

VERB (INF.)		MEANING	
JE		NOUS	
TU		VOUS	
IL/ELLE/ON		ILS/ELLES	
NOTES			

VERB (INF.)		MEANING	
JE		NOUS	
TU		VOUS	
IL/ELLE/ON		ILS/ELLES	
NOTES			

VERB (INF.)		MEANING	
JE		NOUS	
TU		VOUS	
IL/ELLE/ON		ILS/ELLES	
NOTES			

VERB (INF.)		MEANING	
JE		NOUS	
TU		VOUS	
IL/ELLE/ON		ILS/ELLES	
NOTES			

VERB (INF.)		MEANING	
JE		NOUS	
TU		VOUS	
IL/ELLE/ON		ILS/ELLES	
NOTES			

VERB (INF.)		MEANING	
JE		NOUS	
TU		VOUS	
IL/ELLE/ON		ILS/ELLES	
NOTES			

VERB (INF.)		MEANING	
JE		NOUS	
TU		VOUS	
IL/ELLE/ON		ILS/ELLES	
NOTES			

VERB (INF.)		MEANING	
JE		NOUS	
TU		VOUS	
IL/ELLE/ON		ILS/ELLES	
NOTES			

VERB (INF.)		MEANING	
JE		NOUS	
TU		VOUS	
IL/ELLE/ON		ILS/ELLES	
NOTES			

VERB (INF.)		MEANING	
JE		NOUS	
TU		VOUS	
IL/ELLE/ON		ILS/ELLES	
NOTES			

VERB (INF.)		MEANING	
JE		NOUS	
TU		VOUS	
IL/ELLE/ON		ILS/ELLES	
NOTES			

VERB (INF.)		MEANING	
JE		NOUS	
TU		VOUS	
IL/ELLE/ON		ILS/ELLES	
NOTES			

VERB (INF.)		MEANING	
JE		NOUS	
TU		VOUS	
IL/ELLE/ON		ILS/ELLES	
NOTES			

VERB (INF.)		MEANING	
JE		NOUS	
TU		VOUS	
IL/ELLE/ON		ILS/ELLES	
NOTES			

VERB (INF.)		MEANING	
JE		NOUS	
TU		VOUS	
IL/ELLE/ON		ILS/ELLES	
NOTES			

VERB (INF.)		MEANING	
JE		NOUS	
TU		VOUS	
IL/ELLE/ON		ILS/ELLES	
NOTES			

VERB (INF.)		MEANING	
JE		NOUS	
TU		VOUS	
IL/ELLE/ON		ILS/ELLES	
NOTES			

VERB (INF.)		MEANING	
JE		NOUS	
TU		VOUS	
IL/ELLE/ON		ILS/ELLES	
NOTES			

VERB (INF.)		MEANING	
JE		NOUS	
TU		VOUS	
IL/ELLE/ON		ILS/ELLES	
NOTES			

VERB (INF.)		MEANING	
JE		NOUS	
TU		VOUS	
IL/ELLE/ON		ILS/ELLES	
NOTES			

VERB (INF.)		MEANING	
JE		NOUS	
TU		VOUS	
IL/ELLE/ON		ILS/ELLES	
NOTES			

VERB (INF.)		MEANING	
JE		NOUS	
TU		VOUS	
IL/ELLE/ON		ILS/ELLES	
NOTES			

VERB (INF.)		MEANING	
JE		NOUS	
TU		VOUS	
IL/ELLE/ON		ILS/ELLES	
NOTES			

VERB (INF.)		MEANING	
JE		NOUS	
TU		VOUS	
IL/ELLE/ON		ILS/ELLES	
NOTES			

VERB (INF.)		MEANING	
JE		NOUS	
TU		VOUS	
IL/ELLE/ON		ILS/ELLES	
NOTES			

VERB (INF.)		MEANING	
JE		NOUS	
TU		VOUS	
IL/ELLE/ON		ILS/ELLES	
NOTES			

VERB (INF.)		MEANING	
JE		NOUS	
TU		VOUS	
IL/ELLE/ON		ILS/ELLES	
NOTES			

VERB (INF.)		MEANING	
JE		NOUS	
TU		VOUS	
IL/ELLE/ON		ILS/ELLES	
NOTES			

VERB (INF.)		MEANING	
JE		NOUS	
TU		VOUS	
IL/ELLE/ON		ILS/ELLES	
NOTES			

VERB (INF.)		MEANING	
JE		NOUS	
TU		VOUS	
IL/ELLE/ON		ILS/ELLES	
NOTES			

VERB (INF.)		MEANING	
JE		NOUS	
TU		VOUS	
IL/ELLE/ON		ILS/ELLES	
NOTES			

VERB (INF.)		MEANING	
JE		NOUS	
TU		VOUS	
IL/ELLE/ON		ILS/ELLES	
NOTES			

VERB (INF.)		MEANING	
JE		NOUS	
TU		VOUS	
IL/ELLE/ON		ILS/ELLES	
NOTES			

VERB (INF.)		MEANING	
JE		NOUS	
TU		VOUS	
IL/ELLE/ON		ILS/ELLES	
NOTES			

VERB (INF.)		MEANING	
JE		NOUS	
TU		VOUS	
IL/ELLE/ON		ILS/ELLES	
NOTES			

VERB (INF.)		MEANING	
JE		NOUS	
TU		VOUS	
IL/ELLE/ON		ILS/ELLES	
NOTES			

VERB (INF.)		MEANING	
JE		NOUS	
TU		VOUS	
IL/ELLE/ON		ILS/ELLES	
NOTES			

VERB (INF.)		MEANING	
JE		NOUS	
TU		VOUS	
IL/ELLE/ON		ILS/ELLES	
NOTES			

VERB (INF.)		MEANING	
JE		NOUS	
TU		VOUS	
IL/ELLE/ON		ILS/ELLES	
NOTES			

VERB (INF.)		MEANING	
JE		NOUS	
TU		VOUS	
IL/ELLE/ON		ILS/ELLES	
NOTES			

VERB (INF.)		MEANING	
JE		NOUS	
TU		VOUS	
IL/ELLE/ON		ILS/ELLES	
NOTES			

VERB (INF.)		MEANING	
JE		NOUS	
TU		VOUS	
IL/ELLE/ON		ILS/ELLES	
NOTES			

VERB (INF.)		MEANING	
JE		NOUS	
TU		VOUS	
IL/ELLE/ON		ILS/ELLES	
NOTES			

VERB (INF.)		MEANING	
JE		NOUS	
TU		VOUS	
IL/ELLE/ON		ILS/ELLES	
NOTES			

VERB (INF.)		MEANING	
JE		NOUS	
TU		VOUS	
IL/ELLE/ON		ILS/ELLES	
NOTES			

VERB (INF.)		MEANING	
JE		NOUS	
TU		VOUS	
IL/ELLE/ON		ILS/ELLES	
NOTES			

VERB (INF.)		MEANING	
JE		NOUS	
TU		VOUS	
IL/ELLE/ON		ILS/ELLES	
NOTES			

VERB (INF.)		MEANING	
JE		NOUS	
TU		VOUS	
IL/ELLE/ON		ILS/ELLES	
NOTES			

VERB (INF.)		MEANING	
JE		NOUS	
TU		VOUS	
IL/ELLE/ON		ILS/ELLES	
NOTES			

VERB (INF.)		MEANING	
JE		NOUS	
TU		VOUS	
IL/ELLE/ON		ILS/ELLES	
NOTES			

VERB (INF.)		MEANING	
JE		NOUS	
TU		VOUS	
IL/ELLE/ON		ILS/ELLES	
NOTES			

VERB (INF.)		MEANING	
JE		NOUS	
TU		VOUS	
IL/ELLE/ON		ILS/ELLES	
NOTES			

VERB (INF.)		MEANING	
JE		NOUS	
TU		VOUS	
IL/ELLE/ON		ILS/ELLES	
NOTES			

VERB (INF.)		MEANING	
JE		NOUS	
TU		VOUS	
IL/ELLE/ON		ILS/ELLES	
NOTES			

VERB (INF.)		MEANING	
JE		NOUS	
TU		VOUS	
IL/ELLE/ON		ILS/ELLES	
NOTES			

VERB (INF.)		MEANING	
JE		NOUS	
TU		VOUS	
IL/ELLE/ON		ILS/ELLES	
NOTES			

VERB (INF.)		MEANING	
JE		NOUS	
TU		VOUS	
IL/ELLE/ON		ILS/ELLES	
NOTES			

VERB (INF.)		MEANING	
JE		NOUS	
TU		VOUS	
IL/ELLE/ON		ILS/ELLES	
NOTES			

VERB (INF.)		MEANING	
JE		NOUS	
TU		VOUS	
IL/ELLE/ON		ILS/ELLES	
NOTES			

VERB (INF.)		MEANING	
JE		NOUS	
TU		VOUS	
IL/ELLE/ON		ILS/ELLES	
NOTES			

VERB (INF.)		MEANING	
JE		NOUS	
TU		VOUS	
IL/ELLE/ON		ILS/ELLES	
NOTES			

VERB (INF.)		MEANING	
JE		NOUS	
TU		VOUS	
IL/ELLE/ON		ILS/ELLES	
NOTES			

VERB (INF.)		MEANING	
JE		NOUS	
TU		VOUS	
IL/ELLE/ON		ILS/ELLES	
NOTES			

VERB (INF.)		MEANING	
JE		NOUS	
TU		VOUS	
IL/ELLE/ON		ILS/ELLES	
NOTES			

VERB (INF.)		MEANING	
JE		NOUS	
TU		VOUS	
IL/ELLE/ON		ILS/ELLES	
NOTES			

VERB (INF.)		MEANING	
JE		NOUS	
TU		VOUS	
IL/ELLE/ON		ILS/ELLES	
NOTES			

VERB (INF.)		MEANING	
JE		NOUS	
TU		VOUS	
IL/ELLE/ON		ILS/ELLES	
NOTES			

VERB (INF.)		MEANING	
JE		NOUS	
TU		VOUS	
IL/ELLE/ON		ILS/ELLES	
NOTES			

VERB (INF.)		MEANING	
JE		NOUS	
TU		VOUS	
IL/ELLE/ON		ILS/ELLES	
NOTES			

VERB (INF.)		MEANING	
JE		NOUS	
TU		VOUS	
IL/ELLE/ON		ILS/ELLES	
NOTES			

VERB (INF.)		MEANING	
JE		NOUS	
TU		VOUS	
IL/ELLE/ON		ILS/ELLES	
NOTES			

VERB (INF.)		MEANING	
JE		NOUS	
TU		VOUS	
IL/ELLE/ON		ILS/ELLES	
NOTES			

VERB (INF.)		MEANING	
JE		NOUS	
TU		VOUS	
IL/ELLE/ON		ILS/ELLES	
NOTES			

VERB (INF.)		MEANING	
JE		NOUS	
TU		VOUS	
IL/ELLE/ON		ILS/ELLES	
NOTES			

VERB (INF.)		MEANING	
JE		NOUS	
TU		VOUS	
IL/ELLE/ON		ILS/ELLES	
NOTES			

VERB (INF.)		MEANING	
JE		NOUS	
TU		VOUS	
IL/ELLE/ON		ILS/ELLES	
NOTES			

VERB (INF.)		MEANING	
JE		NOUS	
TU		VOUS	
IL/ELLE/ON		ILS/ELLES	
NOTES			

VERB (INF.)		MEANING	
JE		NOUS	
TU		VOUS	
IL/ELLE/ON		ILS/ELLES	
NOTES			

VERB (INF.)		MEANING	
JE		NOUS	
TU		VOUS	
IL/ELLE/ON		ILS/ELLES	
NOTES			

VERB (INF.)		MEANING	
JE		NOUS	
TU		VOUS	
IL/ELLE/ON		ILS/ELLES	
NOTES			

VERB (INF.)		MEANING	
JE		NOUS	
TU		VOUS	
IL/ELLE/ON		ILS/ELLES	
NOTES			

VERB (INF.)		MEANING	
JE		NOUS	
TU		VOUS	
IL/ELLE/ON		ILS/ELLES	
NOTES			

VERB (INF.)		MEANING	
JE		NOUS	
TU		VOUS	
IL/ELLE/ON		ILS/ELLES	
NOTES			

VERB (INF.)		MEANING	
JE		NOUS	
TU		VOUS	
IL/ELLE/ON		ILS/ELLES	
NOTES			

VERB (INF.)		MEANING	
JE		NOUS	
TU		VOUS	
IL/ELLE/ON		ILS/ELLES	
NOTES			

VERB (INF.)		MEANING	
JE		NOUS	
TU		VOUS	
IL/ELLE/ON		ILS/ELLES	
NOTES			

VERB (INF.)		MEANING	
JE		NOUS	
TU		VOUS	
IL/ELLE/ON		ILS/ELLES	
NOTES			

VERB (INF.)		MEANING	
JE		NOUS	
TU		VOUS	
IL/ELLE/ON		ILS/ELLES	
NOTES			

VERB (INF.)		MEANING	
JE		NOUS	
TU		VOUS	
IL/ELLE/ON		ILS/ELLES	
NOTES			

VERB (INF.)		MEANING	
JE		NOUS	
TU		VOUS	
IL/ELLE/ON		ILS/ELLES	
NOTES			

VERB (INF.)		MEANING	
JE		NOUS	
TU		VOUS	
IL/ELLE/ON		ILS/ELLES	
NOTES			

VERB (INF.)		MEANING	
JE		NOUS	
TU		VOUS	
IL/ELLE/ON		ILS/ELLES	
NOTES			

VERB (INF.)		MEANING	
JE		NOUS	
TU		VOUS	
IL/ELLE/ON		ILS/ELLES	
NOTES			

VERB (INF.)		MEANING	
JE		NOUS	
TU		VOUS	
IL/ELLE/ON		ILS/ELLES	
NOTES			

VERB (INF.)		MEANING	
JE		NOUS	
TU		VOUS	
IL/ELLE/ON		ILS/ELLES	
NOTES			

VERB (INF.)		MEANING	
JE		NOUS	
TU		VOUS	
IL/ELLE/ON		ILS/ELLES	
NOTES			

VERB (INF.)		MEANING	
JE		NOUS	
TU		VOUS	
IL/ELLE/ON		ILS/ELLES	
NOTES			

VERB (INF.)		MEANING	
JE		NOUS	
TU		VOUS	
IL/ELLE/ON		ILS/ELLES	
NOTES			

VERB (INF.)		MEANING	
JE		NOUS	
TU		VOUS	
IL/ELLE/ON		ILS/ELLES	
NOTES			

VERB (INF.)		MEANING	
JE		NOUS	
TU		VOUS	
IL/ELLE/ON		ILS/ELLES	
NOTES			

VERB (INF.)		MEANING	
JE		NOUS	
TU		VOUS	
IL/ELLE/ON		ILS/ELLES	
NOTES			

VERB (INF.)		MEANING	
JE		NOUS	
TU		VOUS	
IL/ELLE/ON		ILS/ELLES	
NOTES			

VERB (INF.)		MEANING	
JE		NOUS	
TU		VOUS	
IL/ELLE/ON		ILS/ELLES	
NOTES			

VERB (INF.)		MEANING	
JE		NOUS	
TU		VOUS	
IL/ELLE/ON		ILS/ELLES	
NOTES			

VERB (INF.)		MEANING	
JE		NOUS	
TU		VOUS	
IL/ELLE/ON		ILS/ELLES	
NOTES			

VERB (INF.)		MEANING	
JE		NOUS	
TU		VOUS	
IL/ELLE/ON		ILS/ELLES	
NOTES			

VERB (INF.)		MEANING	
JE		NOUS	
TU		VOUS	
IL/ELLE/ON		ILS/ELLES	
NOTES			

VERB (INF.)		MEANING	
JE		NOUS	
TU		VOUS	
IL/ELLE/ON		ILS/ELLES	
NOTES			

VERB (INF.)		MEANING	
JE		NOUS	
TU		VOUS	
IL/ELLE/ON		ILS/ELLES	
NOTES			

VERB (INF.)		MEANING	
JE		NOUS	
TU		VOUS	
IL/ELLE/ON		ILS/ELLES	
NOTES			

VERB (INF.)		MEANING	
JE		NOUS	
TU		VOUS	
IL/ELLE/ON		ILS/ELLES	
NOTES			

VERB (INF.)		MEANING	
JE		NOUS	
TU		VOUS	
IL/ELLE/ON		ILS/ELLES	
NOTES			

VERB (INF.)		MEANING	
JE		NOUS	
TU		VOUS	
IL/ELLE/ON		ILS/ELLES	
NOTES			

VERB (INF.)	MEANING
JE	NOUS
TU	VOUS
IL/ELLE/ON	ILS/ELLES
NOTES	

VERB (INF.)	MEANING
JE	NOUS
TU	VOUS
IL/ELLE/ON	ILS/ELLES
NOTES	

VERB (INF.)	MEANING
JE	NOUS
TU	VOUS
IL/ELLE/ON	ILS/ELLES
NOTES	

VERB (INF.)		MEANING	
JE		NOUS	
TU		VOUS	
IL/ELLE/ON		ILS/ELLES	
NOTES			

VERB (INF.)		MEANING	
JE		NOUS	
TU		VOUS	
IL/ELLE/ON		ILS/ELLES	
NOTES			

VERB (INF.)		MEANING	
JE		NOUS	
TU		VOUS	
IL/ELLE/ON		ILS/ELLES	
NOTES			

VERB (INF.)		MEANING	
JE		NOUS	
TU		VOUS	
IL/ELLE/ON		ILS/ELLES	
NOTES			

VERB (INF.)		MEANING	
JE		NOUS	
TU		VOUS	
IL/ELLE/ON		ILS/ELLES	
NOTES			

VERB (INF.)		MEANING	
JE		NOUS	
TU		VOUS	
IL/ELLE/ON		ILS/ELLES	
NOTES			

VERB (INF.)		MEANING	
JE		NOUS	
TU		VOUS	
IL/ELLE/ON		ILS/ELLES	
NOTES			

VERB (INF.)		MEANING	
JE		NOUS	
TU		VOUS	
IL/ELLE/ON		ILS/ELLES	
NOTES			

VERB (INF.)		MEANING	
JE		NOUS	
TU		VOUS	
IL/ELLE/ON		ILS/ELLES	
NOTES			

VERB (INF.)		MEANING	
JE		NOUS	
TU		VOUS	
IL/ELLE/ON		ILS/ELLES	
NOTES			

VERB (INF.)		MEANING	
JE		NOUS	
TU		VOUS	
IL/ELLE/ON		ILS/ELLES	
NOTES			

VERB (INF.)		MEANING	
JE		NOUS	
TU		VOUS	
IL/ELLE/ON		ILS/ELLES	
NOTES			

VERB (INF.)		MEANING	
JE		NOUS	
TU		VOUS	
IL/ELLE/ON		ILS/ELLES	
NOTES			

VERB (INF.)		MEANING	
JE		NOUS	
TU		VOUS	
IL/ELLE/ON		ILS/ELLES	
NOTES			

VERB (INF.)		MEANING	
JE		NOUS	
TU		VOUS	
IL/ELLE/ON		ILS/ELLES	
NOTES			

VERB (INF.)		MEANING	
JE		NOUS	
TU		VOUS	
IL/ELLE/ON		ILS/ELLES	
NOTES			

VERB (INF.)		MEANING	
JE		NOUS	
TU		VOUS	
IL/ELLE/ON		ILS/ELLES	
NOTES			

VERB (INF.)		MEANING	
JE		NOUS	
TU		VOUS	
IL/ELLE/ON		ILS/ELLES	
NOTES			

VERB (INF.)		MEANING	
JE		NOUS	
TU		VOUS	
IL/ELLE/ON		ILS/ELLES	
NOTES			

VERB (INF.)		MEANING	
JE		NOUS	
TU		VOUS	
IL/ELLE/ON		ILS/ELLES	
NOTES			

VERB (INF.)		MEANING	
JE		NOUS	
TU		VOUS	
IL/ELLE/ON		ILS/ELLES	
NOTES			

VERB (INF.)		MEANING	
JE		NOUS	
TU		VOUS	
IL/ELLE/ON		ILS/ELLES	
NOTES			

VERB (INF.)		MEANING	
JE		NOUS	
TU		VOUS	
IL/ELLE/ON		ILS/ELLES	
NOTES			

VERB (INF.)		MEANING	
JE		NOUS	
TU		VOUS	
IL/ELLE/ON		ILS/ELLES	
NOTES			

VERB (INF.)		MEANING	
JE		NOUS	
TU		VOUS	
IL/ELLE/ON		ILS/ELLES	
NOTES			

VERB (INF.)		MEANING	
JE		NOUS	
TU		VOUS	
IL/ELLE/ON		ILS/ELLES	
NOTES			

VERB (INF.)		MEANING	
JE		NOUS	
TU		VOUS	
IL/ELLE/ON		ILS/ELLES	
NOTES			

VERB (INF.)		MEANING	
JE		NOUS	
TU		VOUS	
IL/ELLE/ON		ILS/ELLES	
NOTES			

VERB (INF.)		MEANING	
JE		NOUS	
TU		VOUS	
IL/ELLE/ON		ILS/ELLES	
NOTES			

VERB (INF.)		MEANING	
JE		NOUS	
TU		VOUS	
IL/ELLE/ON		ILS/ELLES	
NOTES			

VERB (INF.)		MEANING	
JE		NOUS	
TU		VOUS	
IL/ELLE/ON		ILS/ELLES	
NOTES			

VERB (INF.)		MEANING	
JE		NOUS	
TU		VOUS	
IL/ELLE/ON		ILS/ELLES	
NOTES			

VERB (INF.)		MEANING	
JE		NOUS	
TU		VOUS	
IL/ELLE/ON		ILS/ELLES	
NOTES			

VERB (INF.)		MEANING	
JE		NOUS	
TU		VOUS	
IL/ELLE/ON		ILS/ELLES	
NOTES			

VERB (INF.)		MEANING	
JE		NOUS	
TU		VOUS	
IL/ELLE/ON		ILS/ELLES	
NOTES			

VERB (INF.)		MEANING	
JE		NOUS	
TU		VOUS	
IL/ELLE/ON		ILS/ELLES	
NOTES			

VERB (INF.)		MEANING	
JE		NOUS	
TU		VOUS	
IL/ELLE/ON		ILS/ELLES	
NOTES			

VERB (INF.)		MEANING	
JE		NOUS	
TU		VOUS	
IL/ELLE/ON		ILS/ELLES	
NOTES			

VERB (INF.)		MEANING	
JE		NOUS	
TU		VOUS	
IL/ELLE/ON		ILS/ELLES	
NOTES			

VERB (INF.)		MEANING	
JE		NOUS	
TU		VOUS	
IL/ELLE/ON		ILS/ELLES	
NOTES			

VERB (INF.)		MEANING	
JE		NOUS	
TU		VOUS	
IL/ELLE/ON		ILS/ELLES	
NOTES			

VERB (INF.)		MEANING	
JE		NOUS	
TU		VOUS	
IL/ELLE/ON		ILS/ELLES	
NOTES			

VERB (INF.)		MEANING	
JE		NOUS	
TU		VOUS	
IL/ELLE/ON		ILS/ELLES	
NOTES			

VERB (INF.)		MEANING	
JE		NOUS	
TU		VOUS	
IL/ELLE/ON		ILS/ELLES	
NOTES			

VERB (INF.)		MEANING	
JE		NOUS	
TU		VOUS	
IL/ELLE/ON		ILS/ELLES	
NOTES			

VERB (INF.)	MEANING
JE	NOUS
TU	VOUS
IL/ELLE/ON	ILS/ELLES
NOTES	

VERB (INF.)	MEANING
JE	NOUS
TU	VOUS
IL/ELLE/ON	ILS/ELLES
NOTES	

VERB (INF.)	MEANING
JE	NOUS
TU	VOUS
IL/ELLE/ON	ILS/ELLES
NOTES	

VERB (INF.)		MEANING	
JE		NOUS	
TU		VOUS	
IL/ELLE/ON		ILS/ELLES	
NOTES			

VERB (INF.)		MEANING	
JE		NOUS	
TU		VOUS	
IL/ELLE/ON		ILS/ELLES	
NOTES			

VERB (INF.)		MEANING	
JE		NOUS	
TU		VOUS	
IL/ELLE/ON		ILS/ELLES	
NOTES			

VERB (INF.)		MEANING	
JE		NOUS	
TU		VOUS	
IL/ELLE/ON		ILS/ELLES	
NOTES			

VERB (INF.)		MEANING	
JE		NOUS	
TU		VOUS	
IL/ELLE/ON		ILS/ELLES	
NOTES			

VERB (INF.)		MEANING	
JE		NOUS	
TU		VOUS	
IL/ELLE/ON		ILS/ELLES	
NOTES			

VERB (INF.)		MEANING	
JE		NOUS	
TU		VOUS	
IL/ELLE/ON		ILS/ELLES	
NOTES			

VERB (INF.)		MEANING	
JE		NOUS	
TU		VOUS	
IL/ELLE/ON		ILS/ELLES	
NOTES			

VERB (INF.)		MEANING	
JE		NOUS	
TU		VOUS	
IL/ELLE/ON		ILS/ELLES	
NOTES			

VERB (INF.)		MEANING	
JE		NOUS	
TU		VOUS	
IL/ELLE/ON		ILS/ELLES	
NOTES			

VERB (INF.)		MEANING	
JE		NOUS	
TU		VOUS	
IL/ELLE/ON		ILS/ELLES	
NOTES			

VERB (INF.)		MEANING	
JE		NOUS	
TU		VOUS	
IL/ELLE/ON		ILS/ELLES	
NOTES			

VERB (INF.)		MEANING	
JE		NOUS	
TU		VOUS	
IL/ELLE/ON		ILS/ELLES	
NOTES			

VERB (INF.)		MEANING	
JE		NOUS	
TU		VOUS	
IL/ELLE/ON		ILS/ELLES	
NOTES			

VERB (INF.)		MEANING	
JE		NOUS	
TU		VOUS	
IL/ELLE/ON		ILS/ELLES	
NOTES			

VERB (INF.)		MEANING	
JE		NOUS	
TU		VOUS	
IL/ELLE/ON		ILS/ELLES	
NOTES			

VERB (INF.)		MEANING	
JE		NOUS	
TU		VOUS	
IL/ELLE/ON		ILS/ELLES	
NOTES			

VERB (INF.)		MEANING	
JE		NOUS	
TU		VOUS	
IL/ELLE/ON		ILS/ELLES	
NOTES			

VERB (INF.)		MEANING	
JE		NOUS	
TU		VOUS	
IL/ELLE/ON		ILS/ELLES	
NOTES			

VERB (INF.)		MEANING	
JE		NOUS	
TU		VOUS	
IL/ELLE/ON		ILS/ELLES	
NOTES			

VERB (INF.)		MEANING	
JE		NOUS	
TU		VOUS	
IL/ELLE/ON		ILS/ELLES	
NOTES			

VERB (INF.)	MEANING	
JE	NOUS	
TU	VOUS	
IL/ELLE/ON	ILS/ELLES	
NOTES		

VERB (INF.)	MEANING	
JE	NOUS	
TU	VOUS	
IL/ELLE/ON	ILS/ELLES	
NOTES		

VERB (INF.)	MEANING	
JE	NOUS	
TU	VOUS	
IL/ELLE/ON	ILS/ELLES	
NOTES		

VERB (INF.)		MEANING	
JE		NOUS	
TU		VOUS	
IL/ELLE/ON		ILS/ELLES	
NOTES			

VERB (INF.)		MEANING	
JE		NOUS	
TU		VOUS	
IL/ELLE/ON		ILS/ELLES	
NOTES			

VERB (INF.)		MEANING	
JE		NOUS	
TU		VOUS	
IL/ELLE/ON		ILS/ELLES	
NOTES			

VERB (INF.)		MEANING	
JE		NOUS	
TU		VOUS	
IL/ELLE/ON		ILS/ELLES	
NOTES			

VERB (INF.)		MEANING	
JE		NOUS	
TU		VOUS	
IL/ELLE/ON		ILS/ELLES	
NOTES			

VERB (INF.)		MEANING	
JE		NOUS	
TU		VOUS	
IL/ELLE/ON		ILS/ELLES	
NOTES			

VERB (INF.)		MEANING	
JE		NOUS	
TU		VOUS	
IL/ELLE/ON		ILS/ELLES	
NOTES			

VERB (INF.)		MEANING	
JE		NOUS	
TU		VOUS	
IL/ELLE/ON		ILS/ELLES	
NOTES			

VERB (INF.)		MEANING	
JE		NOUS	
TU		VOUS	
IL/ELLE/ON		ILS/ELLES	
NOTES			

VERB (INF.)		MEANING	
JE		NOUS	
TU		VOUS	
IL/ELLE/ON		ILS/ELLES	
NOTES			

VERB (INF.)		MEANING	
JE		NOUS	
TU		VOUS	
IL/ELLE/ON		ILS/ELLES	
NOTES			

VERB (INF.)		MEANING	
JE		NOUS	
TU		VOUS	
IL/ELLE/ON		ILS/ELLES	
NOTES			

VERB (INF.)		MEANING	
JE		NOUS	
TU		VOUS	
IL/ELLE/ON		ILS/ELLES	
NOTES			

VERB (INF.)		MEANING	
JE		NOUS	
TU		VOUS	
IL/ELLE/ON		ILS/ELLES	
NOTES			

VERB (INF.)		MEANING	
JE		NOUS	
TU		VOUS	
IL/ELLE/ON		ILS/ELLES	
NOTES			

VERB (INF.)		MEANING	
JE		NOUS	
TU		VOUS	
IL/ELLE/ON		ILS/ELLES	
NOTES			

VERB (INF.)		MEANING	
JE		NOUS	
TU		VOUS	
IL/ELLE/ON		ILS/ELLES	
NOTES			

VERB (INF.)		MEANING	
JE		NOUS	
TU		VOUS	
IL/ELLE/ON		ILS/ELLES	
NOTES			

VERB (INF.)		MEANING	
JE		NOUS	
TU		VOUS	
IL/ELLE/ON		ILS/ELLES	
NOTES			

VERB (INF.)		MEANING	
JE		NOUS	
TU		VOUS	
IL/ELLE/ON		ILS/ELLES	
NOTES			

VERB (INF.)		MEANING	
JE		NOUS	
TU		VOUS	
IL/ELLE/ON		ILS/ELLES	
NOTES			

VERB (INF.)		MEANING	
JE		NOUS	
TU		VOUS	
IL/ELLE/ON		ILS/ELLES	
NOTES			

VERB (INF.)		MEANING	
JE		NOUS	
TU		VOUS	
IL/ELLE/ON		ILS/ELLES	
NOTES			

VERB (INF.)		MEANING	
JE		NOUS	
TU		VOUS	
IL/ELLE/ON		ILS/ELLES	
NOTES			

VERB (INF.)		MEANING	
JE		NOUS	
TU		VOUS	
IL/ELLE/ON		ILS/ELLES	
NOTES			

VERB (INF.)		MEANING	
JE		NOUS	
TU		VOUS	
IL/ELLE/ON		ILS/ELLES	
NOTES			

VERB (INF.)		MEANING	
JE		NOUS	
TU		VOUS	
IL/ELLE/ON		ILS/ELLES	
NOTES			

VERB (INF.)		MEANING	
JE		NOUS	
TU		VOUS	
IL/ELLE/ON		ILS/ELLES	
NOTES			

VERB (INF.)		MEANING	
JE		NOUS	
TU		VOUS	
IL/ELLE/ON		ILS/ELLES	
NOTES			

VERB (INF.)		MEANING	
JE		NOUS	
TU		VOUS	
IL/ELLE/ON		ILS/ELLES	
NOTES			

VERB (INF.)		MEANING	
JE		NOUS	
TU		VOUS	
IL/ELLE/ON		ILS/ELLES	
NOTES			

VERB (INF.)		MEANING	
JE		NOUS	
TU		VOUS	
IL/ELLE/ON		ILS/ELLES	
NOTES			

VERB (INF.)		MEANING	
JE		NOUS	
TU		VOUS	
IL/ELLE/ON		ILS/ELLES	
NOTES			

VERB (INF.)	MEANING	
JE		NOUS
TU		VOUS
IL/ELLE/ON		ILS/ELLES
NOTES		

VERB (INF.)	MEANING	
JE		NOUS
TU		VOUS
IL/ELLE/ON		ILS/ELLES
NOTES		

VERB (INF.)	MEANING	
JE		NOUS
TU		VOUS
IL/ELLE/ON		ILS/ELLES
NOTES		

VERB (INF.)		MEANING	
JE		NOUS	
TU		VOUS	
IL/ELLE/ON		ILS/ELLES	
NOTES			

VERB (INF.)		MEANING	
JE		NOUS	
TU		VOUS	
IL/ELLE/ON		ILS/ELLES	
NOTES			

VERB (INF.)		MEANING	
JE		NOUS	
TU		VOUS	
IL/ELLE/ON		ILS/ELLES	
NOTES			

VERB (INF.)		MEANING	
JE		NOUS	
TU		VOUS	
IL/ELLE/ON		ILS/ELLES	
NOTES			

VERB (INF.)		MEANING	
JE		NOUS	
TU		VOUS	
IL/ELLE/ON		ILS/ELLES	
NOTES			

VERB (INF.)		MEANING	
JE		NOUS	
TU		VOUS	
IL/ELLE/ON		ILS/ELLES	
NOTES			

VERB (INF.)		MEANING	
JE		NOUS	
TU		VOUS	
IL/ELLE/ON		ILS/ELLES	
NOTES			

VERB (INF.)		MEANING	
JE		NOUS	
TU		VOUS	
IL/ELLE/ON		ILS/ELLES	
NOTES			

VERB (INF.)		MEANING	
JE		NOUS	
TU		VOUS	
IL/ELLE/ON		ILS/ELLES	
NOTES			

VERB (INF.)		MEANING	
JE		NOUS	
TU		VOUS	
IL/ELLE/ON		ILS/ELLES	
NOTES			

VERB (INF.)		MEANING	
JE		NOUS	
TU		VOUS	
IL/ELLE/ON		ILS/ELLES	
NOTES			

VERB (INF.)		MEANING	
JE		NOUS	
TU		VOUS	
IL/ELLE/ON		ILS/ELLES	
NOTES			

VERB (INF.)		MEANING	
JE		NOUS	
TU		VOUS	
IL/ELLE/ON		ILS/ELLES	
NOTES			

VERB (INF.)		MEANING	
JE		NOUS	
TU		VOUS	
IL/ELLE/ON		ILS/ELLES	
NOTES			

VERB (INF.)		MEANING	
JE		NOUS	
TU		VOUS	
IL/ELLE/ON		ILS/ELLES	
NOTES			

VERB (INF.)		MEANING	
JE		NOUS	
TU		VOUS	
IL/ELLE/ON		ILS/ELLES	
NOTES			

VERB (INF.)		MEANING	
JE		NOUS	
TU		VOUS	
IL/ELLE/ON		ILS/ELLES	
NOTES			

VERB (INF.)		MEANING	
JE		NOUS	
TU		VOUS	
IL/ELLE/ON		ILS/ELLES	
NOTES			

VERB (INF.)		MEANING	
JE		NOUS	
TU		VOUS	
IL/ELLE/ON		ILS/ELLES	
NOTES			

VERB (INF.)		MEANING	
JE		NOUS	
TU		VOUS	
IL/ELLE/ON		ILS/ELLES	
NOTES			

VERB (INF.)		MEANING	
JE		NOUS	
TU		VOUS	
IL/ELLE/ON		ILS/ELLES	
NOTES			

VERB (INF.)		MEANING	
JE		NOUS	
TU		VOUS	
IL/ELLE/ON		ILS/ELLES	
NOTES			

VERB (INF.)		MEANING	
JE		NOUS	
TU		VOUS	
IL/ELLE/ON		ILS/ELLES	
NOTES			

VERB (INF.)		MEANING	
JE		NOUS	
TU		VOUS	
IL/ELLE/ON		ILS/ELLES	
NOTES			

VERB (INF.)		MEANING	
JE		NOUS	
TU		VOUS	
IL/ELLE/ON		ILS/ELLES	
NOTES			

VERB (INF.)		MEANING	
JE		NOUS	
TU		VOUS	
IL/ELLE/ON		ILS/ELLES	
NOTES			

VERB (INF.)		MEANING	
JE		NOUS	
TU		VOUS	
IL/ELLE/ON		ILS/ELLES	
NOTES			

VERB (INF.)		MEANING	
JE		NOUS	
TU		VOUS	
IL/ELLE/ON		ILS/ELLES	
NOTES			

VERB (INF.)		MEANING	
JE		NOUS	
TU		VOUS	
IL/ELLE/ON		ILS/ELLES	
NOTES			

VERB (INF.)		MEANING	
JE		NOUS	
TU		VOUS	
IL/ELLE/ON		ILS/ELLES	
NOTES			

VERB (INF.)		MEANING	
JE		NOUS	
TU		VOUS	
IL/ELLE/ON		ILS/ELLES	
NOTES			

VERB (INF.)		MEANING	
JE		NOUS	
TU		VOUS	
IL/ELLE/ON		ILS/ELLES	
NOTES			

VERB (INF.)		MEANING	
JE		NOUS	
TU		VOUS	
IL/ELLE/ON		ILS/ELLES	
NOTES			

VERB (INF.)		MEANING	
JE		NOUS	
TU		VOUS	
IL/ELLE/ON		ILS/ELLES	
NOTES			

VERB (INF.)		MEANING	
JE		NOUS	
TU		VOUS	
IL/ELLE/ON		ILS/ELLES	
NOTES			

VERB (INF.)		MEANING	
JE		NOUS	
TU		VOUS	
IL/ELLE/ON		ILS/ELLES	
NOTES			

VERB (INF.)		MEANING	
JE		NOUS	
TU		VOUS	
IL/ELLE/ON		ILS/ELLES	
NOTES			

VERB (INF.)		MEANING	
JE		NOUS	
TU		VOUS	
IL/ELLE/ON		ILS/ELLES	
NOTES			

VERB (INF.)		MEANING	
JE		NOUS	
TU		VOUS	
IL/ELLE/ON		ILS/ELLES	
NOTES			

VERB (INF.)		MEANING	
JE		NOUS	
TU		VOUS	
IL/ELLE/ON		ILS/ELLES	
NOTES			

VERB (INF.)		MEANING	
JE		NOUS	
TU		VOUS	
IL/ELLE/ON		ILS/ELLES	
NOTES			

VERB (INF.)		MEANING	
JE		NOUS	
TU		VOUS	
IL/ELLE/ON		ILS/ELLES	
NOTES			

VERB (INF.)		MEANING	
JE		NOUS	
TU		VOUS	
IL/ELLE/ON		ILS/ELLES	
NOTES			

VERB (INF.)		MEANING	
JE		NOUS	
TU		VOUS	
IL/ELLE/ON		ILS/ELLES	
NOTES			

VERB (INF.)		MEANING	
JE		NOUS	
TU		VOUS	
IL/ELLE/ON		ILS/ELLES	
NOTES			

VERB (INF.)		MEANING	
JE		NOUS	
TU		VOUS	
IL/ELLE/ON		ILS/ELLES	
NOTES			

VERB (INF.)		MEANING	
JE		NOUS	
TU		VOUS	
IL/ELLE/ON		ILS/ELLES	
NOTES			

VERB (INF.)		MEANING	
JE		NOUS	
TU		VOUS	
IL/ELLE/ON		ILS/ELLES	
NOTES			

VERB (INF.)		MEANING	
JE		NOUS	
TU		VOUS	
IL/ELLE/ON		ILS/ELLES	
NOTES			

VERB (INF.)		MEANING	
JE		NOUS	
TU		VOUS	
IL/ELLE/ON		ILS/ELLES	
NOTES			

VERB (INF.)		MEANING	
JE		NOUS	
TU		VOUS	
IL/ELLE/ON		ILS/ELLES	
NOTES			

VERB (INF.)		MEANING	
JE		NOUS	
TU		VOUS	
IL/ELLE/ON		ILS/ELLES	
NOTES			

VERB (INF.)		MEANING	
JE		NOUS	
TU		VOUS	
IL/ELLE/ON		ILS/ELLES	
NOTES			

VERB (INF.)		MEANING	
JE		NOUS	
TU		VOUS	
IL/ELLE/ON		ILS/ELLES	
NOTES			

VERB (INF.)		MEANING	
JE		NOUS	
TU		VOUS	
IL/ELLE/ON		ILS/ELLES	
NOTES			

VERB (INF.)		MEANING	
JE		NOUS	
TU		VOUS	
IL/ELLE/ON		ILS/ELLES	
NOTES			

VERB (INF.)		MEANING	
JE		NOUS	
TU		VOUS	
IL/ELLE/ON		ILS/ELLES	
NOTES			

VERB (INF.)	MEANING
JE	NOUS
TU	VOUS
IL/ELLE/ON	ILS/ELLES
NOTES	

VERB (INF.)	MEANING
JE	NOUS
TU	VOUS
IL/ELLE/ON	ILS/ELLES
NOTES	

VERB (INF.)	MEANING
JE	NOUS
TU	VOUS
IL/ELLE/ON	ILS/ELLES
NOTES	

VERB (INF.)		MEANING	
JE		NOUS	
TU		VOUS	
IL/ELLE/ON		ILS/ELLES	
NOTES			

VERB (INF.)		MEANING	
JE		NOUS	
TU		VOUS	
IL/ELLE/ON		ILS/ELLES	
NOTES			

VERB (INF.)		MEANING	
JE		NOUS	
TU		VOUS	
IL/ELLE/ON		ILS/ELLES	
NOTES			

VERB (INF.)		MEANING	
JE		NOUS	
TU		VOUS	
IL/ELLE/ON		ILS/ELLES	
NOTES			

VERB (INF.)		MEANING	
JE		NOUS	
TU		VOUS	
IL/ELLE/ON		ILS/ELLES	
NOTES			

VERB (INF.)		MEANING	
JE		NOUS	
TU		VOUS	
IL/ELLE/ON		ILS/ELLES	
NOTES			

VERB (INF.)		MEANING	
JE		NOUS	
TU		VOUS	
IL/ELLE/ON		ILS/ELLES	
NOTES			

VERB (INF.)		MEANING	
JE		NOUS	
TU		VOUS	
IL/ELLE/ON		ILS/ELLES	
NOTES			

VERB (INF.)		MEANING	
JE		NOUS	
TU		VOUS	
IL/ELLE/ON		ILS/ELLES	
NOTES			

VERB (INF.)		MEANING	
JE		NOUS	
TU		VOUS	
IL/ELLE/ON		ILS/ELLES	
NOTES			

VERB (INF.)		MEANING	
JE		NOUS	
TU		VOUS	
IL/ELLE/ON		ILS/ELLES	
NOTES			

VERB (INF.)		MEANING	
JE		NOUS	
TU		VOUS	
IL/ELLE/ON		ILS/ELLES	
NOTES			

VERB (INF.)		MEANING	
JE		NOUS	
TU		VOUS	
IL/ELLE/ON		ILS/ELLES	
NOTES			

VERB (INF.)		MEANING	
JE		NOUS	
TU		VOUS	
IL/ELLE/ON		ILS/ELLES	
NOTES			

VERB (INF.)		MEANING	
JE		NOUS	
TU		VOUS	
IL/ELLE/ON		ILS/ELLES	
NOTES			

VERB (INF.)		MEANING	
JE		NOUS	
TU		VOUS	
IL/ELLE/ON		ILS/ELLES	
NOTES			

VERB (INF.)		MEANING	
JE		NOUS	
TU		VOUS	
IL/ELLE/ON		ILS/ELLES	
NOTES			

VERB (INF.)		MEANING	
JE		NOUS	
TU		VOUS	
IL/ELLE/ON		ILS/ELLES	
NOTES			

VERB (INF.)		MEANING	
JE		NOUS	
TU		VOUS	
IL/ELLE/ON		ILS/ELLES	
NOTES			

VERB (INF.)		MEANING	
JE		NOUS	
TU		VOUS	
IL/ELLE/ON		ILS/ELLES	
NOTES			

VERB (INF.)		MEANING	
JE		NOUS	
TU		VOUS	
IL/ELLE/ON		ILS/ELLES	
NOTES			

VERB (INF.)		MEANING	
JE		NOUS	
TU		VOUS	
IL/ELLE/ON		ILS/ELLES	
NOTES			

VERB (INF.)		MEANING	
JE		NOUS	
TU		VOUS	
IL/ELLE/ON		ILS/ELLES	
NOTES			

VERB (INF.)		MEANING	
JE		NOUS	
TU		VOUS	
IL/ELLE/ON		ILS/ELLES	
NOTES			

VERB (INF.)		MEANING	
JE		NOUS	
TU		VOUS	
IL/ELLE/ON		ILS/ELLES	
NOTES			

VERB (INF.)		MEANING	
JE		NOUS	
TU		VOUS	
IL/ELLE/ON		ILS/ELLES	
NOTES			

VERB (INF.)		MEANING	
JE		NOUS	
TU		VOUS	
IL/ELLE/ON		ILS/ELLES	
NOTES			

VERB (INF.)		MEANING	
JE		NOUS	
TU		VOUS	
IL/ELLE/ON		ILS/ELLES	
NOTES			

VERB (INF.)		MEANING	
JE		NOUS	
TU		VOUS	
IL/ELLE/ON		ILS/ELLES	
NOTES			

VERB (INF.)		MEANING	
JE		NOUS	
TU		VOUS	
IL/ELLE/ON		ILS/ELLES	
NOTES			

VERB (INF.)		MEANING	
JE		NOUS	
TU		VOUS	
IL/ELLE/ON		ILS/ELLES	
NOTES			

VERB (INF.)		MEANING	
JE		NOUS	
TU		VOUS	
IL/ELLE/ON		ILS/ELLES	
NOTES			

VERB (INF.)		MEANING	
JE		NOUS	
TU		VOUS	
IL/ELLE/ON		ILS/ELLES	
NOTES			

VERB (INF.)		MEANING	
JE		NOUS	
TU		VOUS	
IL/ELLE/ON		ILS/ELLES	
NOTES			

VERB (INF.)		MEANING	
JE		NOUS	
TU		VOUS	
IL/ELLE/ON		ILS/ELLES	
NOTES			

VERB (INF.)		MEANING	
JE		NOUS	
TU		VOUS	
IL/ELLE/ON		ILS/ELLES	
NOTES			

VERB (INF.)		MEANING	
JE		NOUS	
TU		VOUS	
IL/ELLE/ON		ILS/ELLES	
NOTES			

VERB (INF.)		MEANING	
JE		NOUS	
TU		VOUS	
IL/ELLE/ON		ILS/ELLES	
NOTES			

VERB (INF.)		MEANING	
JE		NOUS	
TU		VOUS	
IL/ELLE/ON		ILS/ELLES	
NOTES			

VERB (INF.)		MEANING	
JE		NOUS	
TU		VOUS	
IL/ELLE/ON		ILS/ELLES	
NOTES			

VERB (INF.)		MEANING	
JE		NOUS	
TU		VOUS	
IL/ELLE/ON		ILS/ELLES	
NOTES			

VERB (INF.)		MEANING	
JE		NOUS	
TU		VOUS	
IL/ELLE/ON		ILS/ELLES	
NOTES			

VERB (INF.)		MEANING	
JE		NOUS	
TU		VOUS	
IL/ELLE/ON		ILS/ELLES	
NOTES			

VERB (INF.)		MEANING	
JE		NOUS	
TU		VOUS	
IL/ELLE/ON		ILS/ELLES	
NOTES			

VERB (INF.)		MEANING	
JE		NOUS	
TU		VOUS	
IL/ELLE/ON		ILS/ELLES	
NOTES			

VERB (INF.)		MEANING	
JE		NOUS	
TU		VOUS	
IL/ELLE/ON		ILS/ELLES	
NOTES			

VERB (INF.)		MEANING	
JE		NOUS	
TU		VOUS	
IL/ELLE/ON		ILS/ELLES	
NOTES			

VERB (INF.)		MEANING	
JE		NOUS	
TU		VOUS	
IL/ELLE/ON		ILS/ELLES	
NOTES			

VERB (INF.)		MEANING	
JE		NOUS	
TU		VOUS	
IL/ELLE/ON		ILS/ELLES	
NOTES			

VERB (INF.)		MEANING	
JE		NOUS	
TU		VOUS	
IL/ELLE/ON		ILS/ELLES	
NOTES			

VERB (INF.)		MEANING	
JE		NOUS	
TU		VOUS	
IL/ELLE/ON		ILS/ELLES	
NOTES			

VERB (INF.)		MEANING	
JE		NOUS	
TU		VOUS	
IL/ELLE/ON		ILS/ELLES	
NOTES			

VERB (INF.)		MEANING	
JE		NOUS	
TU		VOUS	
IL/ELLE/ON		ILS/ELLES	
NOTES			

VERB (INF.)		MEANING	
JE		NOUS	
TU		VOUS	
IL/ELLE/ON		ILS/ELLES	
NOTES			

VERB (INF.)		MEANING	
JE		NOUS	
TU		VOUS	
IL/ELLE/ON		ILS/ELLES	
NOTES			

VERB (INF.)		MEANING	
JE		NOUS	
TU		VOUS	
IL/ELLE/ON		ILS/ELLES	
NOTES			

VERB (INF.)		MEANING	
JE		NOUS	
TU		VOUS	
IL/ELLE/ON		ILS/ELLES	
NOTES			

VERB (INF.)	MEANING
JE	NOUS
TU	VOUS
IL/ELLE/ON	ILS/ELLES
NOTES	

VERB (INF.)	MEANING
JE	NOUS
TU	VOUS
IL/ELLE/ON	ILS/ELLES
NOTES	

VERB (INF.)	MEANING
JE	NOUS
TU	VOUS
IL/ELLE/ON	ILS/ELLES
NOTES	

VERB (INF.)		MEANING	
JE		NOUS	
TU		VOUS	
IL/ELLE/ON		ILS/ELLES	
NOTES			

VERB (INF.)		MEANING	
JE		NOUS	
TU		VOUS	
IL/ELLE/ON		ILS/ELLES	
NOTES			

VERB (INF.)		MEANING	
JE		NOUS	
TU		VOUS	
IL/ELLE/ON		ILS/ELLES	
NOTES			

VERB (INF.)		MEANING	
JE		NOUS	
TU		VOUS	
IL/ELLE/ON		ILS/ELLES	
NOTES			

VERB (INF.)		MEANING	
JE		NOUS	
TU		VOUS	
IL/ELLE/ON		ILS/ELLES	
NOTES			

VERB (INF.)		MEANING	
JE		NOUS	
TU		VOUS	
IL/ELLE/ON		ILS/ELLES	
NOTES			

VERB (INF.)		MEANING	
JE		NOUS	
TU		VOUS	
IL/ELLE/ON		ILS/ELLES	
NOTES			

VERB (INF.)		MEANING	
JE		NOUS	
TU		VOUS	
IL/ELLE/ON		ILS/ELLES	
NOTES			

VERB (INF.)		MEANING	
JE		NOUS	
TU		VOUS	
IL/ELLE/ON		ILS/ELLES	
NOTES			

VERB (INF.)	MEANING
JE	NOUS
TU	VOUS
IL/ELLE/ON	ILS/ELLES
NOTES	

VERB (INF.)	MEANING
JE	NOUS
TU	VOUS
IL/ELLE/ON	ILS/ELLES
NOTES	

VERB (INF.)	MEANING
JE	NOUS
TU	VOUS
IL/ELLE/ON	ILS/ELLES
NOTES	

VERB (INF.)		MEANING	
JE		NOUS	
TU		VOUS	
IL/ELLE/ON		ILS/ELLES	
NOTES			

VERB (INF.)		MEANING	
JE		NOUS	
TU		VOUS	
IL/ELLE/ON		ILS/ELLES	
NOTES			

VERB (INF.)		MEANING	
JE		NOUS	
TU		VOUS	
IL/ELLE/ON		ILS/ELLES	
NOTES			

VERB (INF.)		MEANING	
JE		NOUS	
TU		VOUS	
IL/ELLE/ON		ILS/ELLES	
NOTES			

VERB (INF.)		MEANING	
JE		NOUS	
TU		VOUS	
IL/ELLE/ON		ILS/ELLES	
NOTES			

VERB (INF.)		MEANING	
JE		NOUS	
TU		VOUS	
IL/ELLE/ON		ILS/ELLES	
NOTES			

VERB (INF.)		MEANING	
JE		NOUS	
TU		VOUS	
IL/ELLE/ON		ILS/ELLES	
NOTES			

VERB (INF.)		MEANING	
JE		NOUS	
TU		VOUS	
IL/ELLE/ON		ILS/ELLES	
NOTES			

VERB (INF.)		MEANING	
JE		NOUS	
TU		VOUS	
IL/ELLE/ON		ILS/ELLES	
NOTES			

VERB (INF.)	MEANING
JE	NOUS
TU	VOUS
IL/ELLE/ON	ILS/ELLES
NOTES	

VERB (INF.)	MEANING
JE	NOUS
TU	VOUS
IL/ELLE/ON	ILS/ELLES
NOTES	

VERB (INF.)	MEANING
JE	NOUS
TU	VOUS
IL/ELLE/ON	ILS/ELLES
NOTES	

VERB (INF.)		MEANING	
JE		NOUS	
TU		VOUS	
IL/ELLE/ON		ILS/ELLES	
NOTES			

VERB (INF.)		MEANING	
JE		NOUS	
TU		VOUS	
IL/ELLE/ON		ILS/ELLES	
NOTES			

VERB (INF.)		MEANING	
JE		NOUS	
TU		VOUS	
IL/ELLE/ON		ILS/ELLES	
NOTES			

VERB (INF.)		MEANING	
JE		NOUS	
TU		VOUS	
IL/ELLE/ON		ILS/ELLES	
NOTES			

VERB (INF.)		MEANING	
JE		NOUS	
TU		VOUS	
IL/ELLE/ON		ILS/ELLES	
NOTES			

VERB (INF.)		MEANING	
JE		NOUS	
TU		VOUS	
IL/ELLE/ON		ILS/ELLES	
NOTES			

VERB (INF.)		MEANING	
JE		NOUS	
TU		VOUS	
IL/ELLE/ON		ILS/ELLES	
NOTES			

VERB (INF.)		MEANING	
JE		NOUS	
TU		VOUS	
IL/ELLE/ON		ILS/ELLES	
NOTES			

VERB (INF.)		MEANING	
JE		NOUS	
TU		VOUS	
IL/ELLE/ON		ILS/ELLES	
NOTES			

VERB (INF.)	MEANING
JE	NOUS
TU	VOUS
IL/ELLE/ON	ILS/ELLES
NOTES	

VERB (INF.)	MEANING
JE	NOUS
TU	VOUS
IL/ELLE/ON	ILS/ELLES
NOTES	

VERB (INF.)	MEANING
JE	NOUS
TU	VOUS
IL/ELLE/ON	ILS/ELLES
NOTES	

VERB (INF.)		MEANING	
JE		NOUS	
TU		VOUS	
IL/ELLE/ON		ILS/ELLES	
NOTES			

VERB (INF.)		MEANING	
JE		NOUS	
TU		VOUS	
IL/ELLE/ON		ILS/ELLES	
NOTES			

VERB (INF.)		MEANING	
JE		NOUS	
TU		VOUS	
IL/ELLE/ON		ILS/ELLES	
NOTES			

VERB (INF.)		MEANING	
JE		NOUS	
TU		VOUS	
IL/ELLE/ON		ILS/ELLES	
NOTES			

VERB (INF.)		MEANING	
JE		NOUS	
TU		VOUS	
IL/ELLE/ON		ILS/ELLES	
NOTES			

VERB (INF.)		MEANING	
JE		NOUS	
TU		VOUS	
IL/ELLE/ON		ILS/ELLES	
NOTES			

VERB (INF.)		MEANING	
JE		NOUS	
TU		VOUS	
IL/ELLE/ON		ILS/ELLES	
NOTES			

VERB (INF.)		MEANING	
JE		NOUS	
TU		VOUS	
IL/ELLE/ON		ILS/ELLES	
NOTES			

VERB (INF.)		MEANING	
JE		NOUS	
TU		VOUS	
IL/ELLE/ON		ILS/ELLES	
NOTES			

VERB (INF.)		MEANING	
JE		NOUS	
TU		VOUS	
IL/ELLE/ON		ILS/ELLES	
NOTES			

VERB (INF.)		MEANING	
JE		NOUS	
TU		VOUS	
IL/ELLE/ON		ILS/ELLES	
NOTES			

VERB (INF.)		MEANING	
JE		NOUS	
TU		VOUS	
IL/ELLE/ON		ILS/ELLES	
NOTES			

VERB (INF.)		MEANING	
JE		NOUS	
TU		VOUS	
IL/ELLE/ON		ILS/ELLES	
NOTES			

VERB (INF.)		MEANING	
JE		NOUS	
TU		VOUS	
IL/ELLE/ON		ILS/ELLES	
NOTES			

VERB (INF.)		MEANING	
JE		NOUS	
TU		VOUS	
IL/ELLE/ON		ILS/ELLES	
NOTES			

VERB (INF.)	MEANING
JE	NOUS
TU	VOUS
IL/ELLE/ON	ILS/ELLES
NOTES	

VERB (INF.)	MEANING
JE	NOUS
TU	VOUS
IL/ELLE/ON	ILS/ELLES
NOTES	

VERB (INF.)	MEANING
JE	NOUS
TU	VOUS
IL/ELLE/ON	ILS/ELLES
NOTES	

Made in United States
Troutdale, OR
12/01/2023